Materiales

La tierra

Cassie Mayer

Heinemann Library
Chicago, Illinois

Customer Service 888-454-2279

Visit our website at www.heinemannraintree.com

Picture research: Tracy Cummins and Heather Mauldin
Designed by Joanna Hinton-Malivoire
Printed in China by South China Printing Company Limited
Translation into Spanish by DoubleO Publishing Services

12 11 10 09 08
10 9 8 7 6 5 4 3 2 1

ISBN-10: 1-4329-2077-4 (hc) -- ISBN-10: 1-4329-2086-3 (pb)
ISBN-13: 978-1-4329-2077-7 (hc) -- ISBN-13: 978-1-4329-2086-9 (pb)

The Library of Congress has cataloged the first edition as follows:

Mayer, Cassie.
 [Soil. Spanish]
 La tierra / Cassie Mayer.
     p. cm. -- (Materiales)
 Includes index.
 ISBN 978-1-4329-2077-7 (hardcover) -- ISBN 978-1-4329-2086-9 (pbk.)
 1. Soils--Juvenile literature. 2. Soil biology--Juvenile literature. I. Title.
 S591.3.M39418 2008
 631.4--dc22
                              2008045945

Acknowledgments

The author and publisher are grateful to the following for permission to reproduce copyright material: ©Getty Images p. **19** (Sebun Photo/Shitaka Morita); ©Heinemann Raintree pp. **6**, **7**, **11**, **14**, **15**, **18**, **22B**, **22M**, **23B** (David Rigg); ©istockphoto p. **13** (Tanya Cochrane); ©Shutterstock pp. **4** (lamanew bee), **5** (Joe Gough), **8** (Olivier Le Queinec), **9** (EcoPrint), **10** (Jonathan Lenz), **12** (Freelanceartist), **16** (Daniel Gale), **17** (Emin Kuliyev), **20** (Stephen Aaron Rees), **21** (Weldon Schloneger), **22T** (Freelanceartist), **23T** (lamanew bee).

Cover image used with permission of ©agefotostock (Comstock Image/Royalty Free). Back cover image used with permission of ©Shutterstock (Weldon Schloneger).

Every effort has been made to contact copyright holders of material reproduced in this book. Any omissions will be rectified in subsequent printings if notice is given to the publishers.

Contenido

¿Qué es la tierra?

La tierra se encuentra en la naturaleza.

La tierra está compuesta por elementos
de la naturaleza.

La tierra está compuesta por
pequeñas piedras.

La tierra está compuesta por
plantas muertas.

Tipos de tierra

La tierra puede estar húmeda.

La tierra puede estar seca.

La tierra puede estar compuesta por turba.

La turba está compuesta por plantas.

La tierra puede estar compuesta por arcilla.

La arcilla está compuesta por piedras.

La arcilla está compuesta por plantas.

La tierra puede estar compuesta por arena.

La arena está compuesta por piedras.

La arena está compuesta por conchas marinas.

¿Cómo usan la tierra las plantas?

La tierra ayuda a las plantas a crecer.

La tierra ayuda a las plantas a mantenerse
en el suelo.

La tierra da alimento a las plantas.

La tierra da agua a las plantas.

¿Cómo usa la tierra el hombre?

La tierra se usa para cultivar plantas.

La tierra se usa para construir.

Tierras comunes

◀ arcilla

▲ turba

◀ arena

Glosario ilustrado

naturaleza el mundo que nos rodea. Las plantas, los animales, las piedras, el agua y la tierra son parte de la naturaleza.

concha cubierta dura que protege a algunos animales

Vocabulario para maestros

material algo que ocupa un lugar en el espacio y se puede utilizar para hacer otras cosas

recurso natural material que se encuentra en la naturaleza que puede ser utilizado por el hombre

Índice

Nota a padres y maestros

Antes de leer

Pida a los niños que escriban las palabras *arena*, *arcilla* y *turba*. Pregúnteles si alguna vez han visto algunos de estos tipos de tierra. Si es así, aliéntelos a describir el aspecto de cada tipo de tierra y a que comenten dónde lo vieron.

Después de leer

- Lleve a los niños al aire libre y observen distintos tipos de tierra. Busquen tierra que se encuentre cerca de árboles o la de las plantas en macetas. Pídales que toquen la tierra. ¿Es suave? ¿Está seca o húmeda? Luego, muéstreles otro tipo de tierra, como la arena o la arcilla. Pida a los niños que describan las distintas texturas y colores.
- Pregúnteles qué tipo de tierra es el mejor para que las plantas crezcan. ¿Creen que la tierra debe estar húmeda o seca? ¿Debe estar compuesta de piedras o plantas?